KB269502

길을 묻지 않는 나그네

길을 묻지 않는 나그네

길을 묻지 않는 나그네

오승영 시집

동불

책머리에

거리의 가로등에서 햇살처럼 따스한 빛들이 쏟아진다. 오가는 사람들의 그림자 위에 조각난 빛들이 수를 놓고 연인들의 은밀한 사랑은 밤 속에 묻히고 만다.

늘 외롭다는 생각에서 벗어날 수 없었던 시절이 있었다. 가슴에서 들끓는 시에 대한 열망 때문에 무수히 밤을 지새던 시절이 있었다. 존재하는 것은 무엇이든지 그만한 가치가 있다는데 나의 의미와 나의 가치는 무엇인가 끝도 없는 의문을 품은 채 지내던 혼돈의 시절이었다. 그 시절에 내가 할 수 있는 것이라고는 낙서라도 하듯 무작정 써내려가는 일밖에 없었다.

감히 신과의 대화로 여겼던 나만의 언어들, 내가 서 있는 세상에 대한 느낌들을 모아 한 권의 시집을 만들게 되었다. 내 이름 석자를 달고 이 세상에 태어날 시집이기에 가슴 벅찬 기쁨에 앞서 두려움이 앞선다. 작은 소망이 있다면 나의 시집이 고뇌의 젊은 날들을 보낸 사람들에게 어느 한면을 비출 수 있는 거울이 되었으면 하는 것이다.

용기없는 시심에 힘껏 에너지를 충전시켜준 등불 사장님과 편집실 여러분에게 감사드리고, 직장 생활 만 십년을 맞아 시집이 나오기까지 밑거름이 되어주신 회사에 감사의 마음을 전하고 싶다. 박홍기 사장님, 장길청 상무님, 오동언 이사님, 박홍석 부장님 그리고 동료 여러분들께도 진심으로 감사드린다. 끝으로 사랑하는 아내와 래근, 태근 두 아들에게 이 시집을 주고 싶다.

오 승 영

제1부

나에게서 떠날 것을 예고하는 그대

떠날 것을 예고하는 그대가 밉지 않소
그대의 행복이 무엇인 줄 알고서 머무르게 할 수 없소.
그 누구보다 깊은 연민의 정으로

한기어린 내 방에 외풍어리고
죽음을 생각하게 하는 이 밤은
글로써 표현하기 힘들어 지친 마음에 빈 공허만 질퍽하오

일에서 열까지 있다면 그대에게 바치리다
그대의 행복을 비는 이 사람은
늦은 밤에 메마른 눈물로 전송하리다.

자신없는 표현에서 행복을 비는 마음을 이해한다면
떠날 것을 예고하는 그대가 사랑하는 것을 묻지 않으리다.
그 무엇이 내가 된다면

나의 행복일뿐 당신의 행복은 먼 곳에 있기 때문이오.
떠날 것을 예고하는 그대가 밉지 않소.

몸이 타는 이 사랑도
당신만을 위해 고이 간직하리다

나의 등진 마음에 그대를 그려도 미웁지가 않소.
그대가 사랑스럽소!

이별 연습 I

모든 것을 다해 사랑한 사람과 이별 연습을 하고 싶다.
헤어짐이 두려운 것이 아니라
사랑하는 사람의 홀로 됨이 나의 가슴을 멍들게 한다.

나는 혼자 되어 가지만
사랑했던 사람이 홀로 되었을 때의 외로움은
살아있는 자의 뼈 속까지 아픔으로 다가온다.

떠나는 자의 배부른 아량인가!
이제 그에게 이별 연습을 가르쳐야겠다.
세상에 우리들의 자취는 흔적없는 사랑으로 남아 있고

떠나는 자의 마음에 평온을 주려면
남는 자의 빈 공간이 언젠가 채워 지리라 바라는 것이련만

길을 묻지 않는 나그네

이별 연습 2

어차피 썩어 뭉크러질 몸뚱어리
한세월 미련 두지 말고 깊은 연정으로 살아온 것들은
하늘하늘 점점 멀어지고 없어지건만

담장의 가슴에 쓸어 내리는 비련을 없애기에는
우리네 인간의 정이 너무 연약한가

삼라만상의 법칙에 뒤돌림이 있다면
한줄기 태양의 빛으로 그대의 앞길을 밝히리

그래도,
모든 것을 다하여 사랑한 사람에게
이별 연습을 가르쳐야겠다
만약에 있을 이별의 아픔 줄이기 위해…….

다시 사랑으로

그대는 바람처럼 스쳐갔지만
나는 그 자리에 움직일 수 없는
나무처럼 남아 있습니다
돌아올 수 없는 바람이라도
그 여운의 진동을 느낍니다
행여나 역바람이라도 불어 온다면
나는 그 자리에서
당신을 놓아주지 않겠습니다

천사가 되어

설사 모든 것을 그르친다 해도
그대 앞에 천사로 기억되고 싶다.

내 어두운 과거도
그대에게는 아름다움으로 기억되고 싶다.

사랑하는 사람에게
천사로 남아 있고 싶다.

창녀의 정당성을 주장하지도 않으며
창녀의 팔자를 이야기하지도 않으리.

설사 어느 날에 버림 받을지라도.

빈 우산

비가 온다기에 우산을 준비했지
살 빠진 헌 우산이었네
우산의 주인은 그 옛날 나의 연인이었지
조그만 우산 속에서 우리는
비를 피하며 사랑을 속삭였지
그 사랑은 우산을 버리고 빗속의 자유를 택해 떠나갔네
살 빠진 우산에 그녀의 체취라곤 하나도 남아 있지 않네
비가 내릴 때마다 그녀의 체취를 느끼려 하지만
체취는 씻기고 흘러가 버리고
지금은 살 빠진 우산만이 내 빈 육신을 감싸고
궂은 비를 막아 주네
빗속으로 자유를 찾아 떠나는 그녀가 밉고 부럽고……
그녀는 떠났지만 나는 그녀의 빈 허상속에 빠져 있었네
살 빠진 우산은 사랑의 굴레
살 빠진 우산에서의 탈출을 시도했다네
타락한 육신의 옷들은 한꺼풀씩 젖어가고
우산은 멀리 내동댕이 쳐지고 있는데
비에 가려 흘러내려가는 그녀의 영상은 멀어지기보다
더 거세게 더 분명하게 살아 움직였다네
그날 나는 혹독한 감기에 걸리고 말았다네
다음 번에는 꼭 새 우산을 준비하리라

비련

살면서
질퍽한 속쓰림에
가슴앓이만 하고……

당신은 아무것도 몰라하는 바보!

끝없이 타오르기만 하던 불꽃도
이제는 제 스스로 다 태워 버려
새까만 숯으로 남아 있는

나 또한 바보!

새로운 안식을 찾아
숯으로의 행복과 아픔을 맛본다

숯은 타면서 소임의 행복을 알고
숯은 타면서 타성의 아픔을 남기며

하얀재로 흔적없이 날아오른다

무제 I

그곳에 나무가 있었소
주변의 모든 것은 나무로 존재했소

어느 날 나무들이 하나 둘 베어지기 시작하고
베어진 나무를 수단 삼아 배부른 돼지가 되어가는데

나무는 없어지고 황량한 그곳엔
나무가 하던 바람맞이를 흙담집이 대신하며
허물어져가고 있었소

나무 없는 예전의 숲은 그 누구의 마음 속에도 없었소
당신을 나무라 칭할 때 나는 아직도 숲이란 이름으로
그대를 기다리리다

무제 2

어느 순간 그대가
늘 느낌없이 대하던
그대가
한순간 깊은 의미로 나의 가슴에 비쳤다네
걷잡을 수 없는 위험한 연정이 솟아나고
순간의 연속을 살아오는 삶을
우리 스스로가 숨긴다 하여도
느낌은 늘 그 느낌이 아니라네
이제는 내 앞에 놓인 삶이라는 커다란 울타리
온전히 그 안에서 살아야지
모든 것을 사랑하고 살아야지

내가 아닌 다른 사람이

내가 아는 어떤 사람을
내가 아닌 다른 사람이
나보다 더 많이 안다면
나는 어쩔 수 없이
슬퍼하며 마음 아파할 거예요.

내 사람도 아닌 그를
잊지 못해
갖지 못해

다른 사람이
그 마음을 빼앗아 버린다면
나는 나를 잃은 것보다 더 슬퍼할 거예요.

숨쉬는 이 땅의 대지 위에
내 뻥 뚫린 몸을 묻어 버리고
그대의 행복을 위해
침묵해야 하지만,

나는 그대 마음 한번 갖지 못해
아쉬움이 절망되어
내 스스로 떠날 줄을 모르지만,

그대여 나 아닌 다른 사람이
그대의 마음을 사로잡는다면
부디 내색하지 말아주오.

길이 없는 늪에서
나는 한없이 밑으로만 내려가고
그대 또한 갈 수 없는 늪이어라.

이제는 줄 수도 받을 수도 없는
우리의 지난 연줄은
이 숨쉬는 대지 위에
정지된 화석으로 존재하리.

나 너 그리고 우리

우리는 남남이었습니다
그리고
우리는 남녀에서 우리가 되었습니다
그리고
지금은 남녀입니다
그리고
지금은 우리인 척합니다
그리고
음력 팔월 십오일에
남편과 여편과 애들편이
송편을 빚으며
편가르기 하지 말자고
깔깔깔 웃었습니다

삶

처음에는 몰랐습니다
이제 조금 알 것 같습니다
지금도 모르는 척하고 있습니다
예전에는 대충은 알고 있었습니다
당신에 대한 변화가 왔습니다
느낌으로 다가왔습니다
많은 것을 알았습니다
늪에 빠졌습니다
당신은 말했습니다
늪에서 나오려면 늪바닥에 다가서야 한다고
그렇지만 지금 내 앞의 늪은 바닥이 보이지 않습니다
비맞으며 지팡이를 짚고 걸어가던 스님이
언젠가 건져 주어야 합니다
그리고 늪 위에 집을 짓고
스님과 살아가야겠습니다
그것이 삶입니다

기다림

뜨메 자메 잠기는 그 우수
영원토록 잊지 못할 아쉬움에
흐느끼며 보이지 않는 너를 그린다
살며시 다가오고 어루만지던
그리움에 나를 찾는다
밀려오는 삭막한 고독의 밀림에 갇혀
헤메이며 다가온 잡념들이
사방에서 지저귀며 나를 유혹할 때
회상의 그리움에 그대를 찾았다
그대여!
무서운 고독의 밀림 속에서
헤메일 나를 찾아 구원하기를……

사랑으로만 존재하는 사랑

님!
아 : 라는 단발마를 날리고 흔적없이 쏟아지는
빛의 부심에 나 몰라라 하는 우리들이 아닌가
남으로 만났던 우리들인데
지금은 무엇인가?
사랑은 모든 것을 포용하는가
사랑은 사랑으로만 존재하는가
아무것도 줄 수 없는 사랑
감정만 줄 수 있는 사랑
손해보지 않는 사랑
행동없는 사랑 이 모든 것은 책임 없는 사랑
돌아갈 수 없는 사랑 전의 그때로
그 누구도 갈 수 없지만
우리가 아닌 각자는 추억으로 남겨진 사랑
그날을 그리워하리라

고백

그래 너를 보낸 것이 내 마음이었는지 몰라
애써 붙들려한 것도 결국엔
너를 보내고 싶어서였는지도 몰라
아쉬움이 남기도 하지만
진실이 통하지 않았을지도 모르지만
깨끗한 순간들이었다
기쁨의 환희마저
송두리째 앗아간 비악의 여신이여

그래도 돌아오기를 고대하지만
그것은 한가닥 아쉬움에 서러워할 뿐이지
먼, 긴 시간과 사랑은 어디로 갔는지
가슴깊이 네가 떠오른다 해도
나만은 애써 외면하리라

하나를 위해

먼 창공의 뫼빛에 얼음 얼어
사르한 바람결에 휘날리고 있다.
지난 사연들이 박힌 뫼빛에 얼음이 수놓고 있다.
하나를 위해 하나만을 바라며
영원한 삶을 바라건데
흩어져버린 하나,
홀로 서는 나무에 비바람 쏟아지고
슬픔과 외로움에 흐느끼는
가련한 하나를 어찌 버리려 하나
슬픔에 외로움에 빠져 버린
나 어이하고
너만이
너만이 가려 했나

슬피슬피 외치는 이름 하나

눈보라 치는 이때면 저승에서 헤매일 네가
자주 눈앞에 어른거린다
어린 꽃송이 제대로 펴보지도 못한 채
고혼이 된 너를 잊지 못해 눈물만 흐르누나.
어린 고혼 저승 무리길, 울며울며 헤매일 너를 생각하면
뒤따라 품에 안고 싶구나.
뼈골에서 돌고 도는 너의 어린 인생을 잊지 못하고
잠자리에 누워보건만 잠은 어데로 사라지고
슬피슬피 외치는 너의 이름을 되뇌인다.

애처로이 들려오는 피리소리
피리가락 따라가는 발걸음은 무겁기만 하고……
바람에 휘말린 피리소리 다시 밀려온다.

길을 묻지 않는 나그네

그리운 그대

공허한 가슴에 이룰 수 없는 만남의 매듭을
이제는 한가닥씩 마무리 지을까 합니다

쓸쓸한 겨울바다를 거닐며
잠시나마 내 마음을 정리해 봅니다

무엇을 의미하는지 누구를 기다리는지
나도 모를 내 마음에 살며시 찾아든 그리운 그대

그대가 보고 싶습니다

추억의 그림자

차마 내색할 수 없는 슬픈 이 느낌을
나 어이할꼬 삶의 고통인가
죽음을 재촉하는 채찍이란 말인가
괜시리 분노의 주머니가 부풀어오른다
결단코 잊지 못하리
언젠가 나의 흐느끼는 눈물은 닦이리라

춘풍이 밀려온다
봄볕의 따가운 기온이
마치 하늘을 나는 금마차 같은
찬연한 빛이 환상의 세계로
빛의 대각선을 쭉 뻗고 있다
그 빛의 원점을 찾아간다
눈이 부시다
춘풍의 빛의 흐름은 삶을 느끼게 한다
양지에 있으면 춘풍의 봄볕에 데워져
마치 그 님의 입김이 몰려오는 것 같다
삶이 시작된다 새싹이 튼다
흐름의 무엇을 잡고 싶다
추억의 그림자 그 끝에라도 서 있고 싶다.

추억을 버리자

그에게 행복이란 추억을 먹고 사는 것
나에게 행복이란 현실을 먹고 사는 것

우리는 늘 하나인 줄 알았는데
철길 위의 동행처럼
왜 평행으로만 달려갈까

추억은 항시 무지개로 남아 있고
추억은 항시 아지랑이로 떠오르고
잡을 수 없는 추억의 공상에서
도깨비 같은 추억은
삶이란 수레바퀴를 억지로 돌리는 데

비나리는 날에도 그의 마음에는
무지개를 고이 간직만 한다는 데

나는 어이할꼬
나의 아지랑이는 가물가물대며
추억이 지워지는 데

그대야 불쌍토다
미안하다
우리는 이제 추억이 현실이 아님을 알아야 한다

욕구제압

사랑의 욕구 때문에 미치고 싶을 때가 있습니다.
그럴 때마다 하늘을 봅니다.

왜냐구요?
다른 사람들은 문제 없이 잘 살잖아요.

가끔은 하늘이 아니라 지하철 역 쪽으로
발길을 옮길 때도 있습니다.

지하철역에 무엇이 있냐구요?
그것은 남자 친구에게 물어보세요.

알고 있으면 묻지는 마세요.
남자 친구가 마음 아파 하니까요.

연인은 늘 가까이 있지만은 않잖아요.
욕구를 잠 재울 수 있는 것은 참던가, 못 참던가이거든요

잠시는 다른 일에 몰두하겠지요.

배고픈 사람이 밥을 먹거든요
배부른 사람은 진주성찬도 마다하거든요

그런데 남자 친구나 여자 친구나 마음은 같으니까
서로를 사랑하며 가끔 하늘을 보는 것도 괜찮을 거예요

사랑하는 욕구는 상대를 존중하므로 참을 수 있답니다.

겨울나기 1

비가 얼어 눈이 내립니다
눈이 얼어 우박으로 내려옵니다
거짓말처럼 얼음이 내려오는 추운 날에
깡통에 얼어붙은 식은 밥덩어리를
가르쟁이에 부여 앉고
입안에서 서걱서걱 밟히는 밥과
얼음을 국물삼아 얕은 희열을 느끼는데
배곯아 눈물 짓다 눈물이 얼어붙은 거지에게
깡통의 얼은 밥을 나누어 줍니다
깡통의 남은 밥은 얼어붙어 나누기가 힘들지만
쪼개지는 밥덩어리가 어느 것이 큰가는 상관이 없습니다
거지의 마음은 가난으로 존재하며
보이지 않게 사랑하기 때문입니다

겨울나기 2

사랑하는 사람에게
거지의 마음을 심어주고 싶다
사랑하는 것은 서로에게 거지가 되어야 한다
나는 주는데 그가 받지 않는 것은
그에게 거지의 마음이 없기 때문이다
고추가루 듬성듬성 묻어 있고
국기름 짙게 묻어 있는
얼어붙은 찬밥을 아무런 조건 없이
감사히 나눌 줄 아는 나이고 싶은데
그는 늘 가난하면서도 부자인 채로 남아 있다
그에게 설거지 통의 밥 한 알 집어줄 수 있는
아량이 있다면 나는 얼마나 기뻐할까?
사랑에 대해서만큼은 거지가 되고 싶다

그것은 없었다

무엇을 헤매이며
그토록 애타게 찾아 방황하였거늘 그것은 없었다
나는 뛰느냐 주저앉느냐 중
갈림길에 다다랐음을 느낀다
뛰는 것을 이끌 길잡이가 나타나 주었으면 좋으련만

삶의 반려자라
비록 짧은 기간이지만 동행하고 싶었다
떠나려므나 말없이 떠나려므나
길고 긴 낮과 밤을 헤매며
내 너를 찾았건만
너는 말없이 떠나갔다
슬피 흐르는 두가닥의 눈물은 그칠 줄 몰랐다.
일면의 추억을 깊이 감추고 창공을 바라보네
하늘로 떠오르는 너의 마음 보고 싶은 마음
말없이 밀려오누나
정 깊이 흐르라
너의 혼 사랑의 꿈소녀 되어
나르려므나 한없이 나르려므나

베어진 나무

나는 그에게 항상 존재하고 싶다
늘 신선한 충격과 감동을 심어주며
늘 그의 가슴에 살아있는 나무로

나무는 크면서 그의 양분으로 에너지를 보충하며
그에게 보호막의 그늘이 되고 싶어한다

나무는 베어지며 통곡할 것이지만
그 짧은 순간들이 행복했음을
부인하지 않는다

나 대신 심기 어린 나무가
강하고 힘있게 자라나길 원하며
나무는 베어진 자리에서 밑둥으로
며칠간을 여운으로 살지만
그것도 한시 뿐

여자를 기다리며

나는 혼자인데……
적막속에 동요가 일기 시작했다
변화는 나를 움직이려 하지만
나의 오감은
공기의 흐름에도
소름끼쳐하며
나를 버린
님만을 기다린다

제 2부

길을 묻지 않는 나그네

듣지 못하니
말도 못합니다.

입은 있는데
듣지 못해 말할 수 없습니다.

세월이 흐른 뒤에 말을 배웠습니다.
오로지 입 모양만으로

이제는 말하는 벙어리로
자신있게 살아가렵니다.

그리고 여유가 된다면
듣고 말하는 날을 갈망하며
살겠습니다.

시인이라는 이름으로

배고픈 사람은 밥이 먹고 싶고
사랑을 하고픈 것은 제대로이고
떠날 줄 아는 이는 떠나기 아쉬워 맴돌고
보낼 줄 아는 이는 이별의 아픔에 속앓이 하고
우리네는 지금도 결정 못할 인생사가 많아라
시인은 잠시 쉬고 있으려니 읊고 싶은 것은 많은데
마음 속의 여유는 사라지고
흐릿한 기억 속으로 사라지는 시어들은
붙잡을 수 없는 퇴보된 마음에 가슴 에인다.
하릴 없기만 했던 세월은 덧없이 흐르고
존재 자체가 아픔이지만
시인은 아픔이고자 한다
그리고 늘어지는 뱃가죽을 부여잡을 수도 없이
웅얼거리는 신음에 뭇사람들은
그것이 위대한 시라 하며 시인을 영원히 살린다

건방진 시인 I

하루의 일상을 매너리즘에 취해서
밥먹듯 살아온 날들이지만
갑자기 하늘을 보며 낯설기도 하고
눈에 익은 것 같은 기분,
가장 가까운 것을 잊고 살아온 느낌이 든다.
애상에 젖은 기분은 이내 삶으로 돌아와
쓰린 시간으로 남지만
가끔은 하늘을 보며 감상에 젖고
건방진 시인이 되어
하늘 속에 해와 달이 빼꼼이 나오며
나를 반기는 착각이 그리 싫지는 않다.

건방진 시인 2

시인은 읊조린다
그저 기분대로 나오는
뇌속의 배설물을

시인은 읊조린다
그저 나오는 흥얼거림을

건방진 시인은 읊조린다
"나는 건방진 시인이다"라고

어떤 시인이라 불려도 좋다
시인의 책이 안 팔려도
시인은 시인의 능력을 말하지 않는다

자신의 시가 최고인 줄 알고
남의 시를 읽지 않는다
시는 자연그대로
본능을 추구한다

타락해지는 시는
원초적이고 말초적이지만
신의 이데아는 이를 거부하고

시인의 뇌속에는
영양가 빠진 뇌폐물로 처치곤란을 겪고 있다

시인은 뇌의 배설물들을 분리수거해야 됨을 알아차리지만
본능의 시에 옷을 입히기를 거부한다

일탈자

외마디 오열을 쏟고
가련히 돌아서는 나그네의 실상
한가닥 희망의 굴레마저
벗어버린 비련의 나그네야
서러운 외길마저 끊으려 하는
존재없는 믿음을 추앙하는
어둠의 실빛은 밤을 한층 돋보인다
산산히 부수어진 햇살의 소용돌이에 휘말리며
탈출하고픈 현실의 욕망
내 모든 것은 할 수 있다
할 수 없는 것이 더 많다 할지라도
생의 한가닥 희망만큼은
결코 저버릴 수 없다

홀로 있어

홀로 있어 보았는가!
홀로 하늘을 쳐다본 적이 있는가!

나는 홀로였는데
우리는 홀로를 잊고 살고 있다.
그러기에 싸우면서 홀로 되고 싶은 것인 줄도 모른다.

저 혼자 크는 나무 모진 바람에 살아남을 수 없음에
너나 나나 살아있음에 행복하지 않은가?

홀로 우두커니 앉아 자기를 돌아볼 수 있다면
삶의 여유로 추억을 떠 올린다며
쓴 웃음을 질 수 있었던 내가
이제는 그대의 추억 속에
쓴 술잔으로 허공에 떠오른다.

홀로 있을 때 둘의 의미가 더 값지게 느껴지는 것은
홀로 마주해야 하는 지독한 외로움과 두려움 때문이다.

모든 것이 홀로였다

모든 것이 홀로였다
진실된 무망의 허심도
이제는 찾을 길 없고
재 너머 네 길엔
아직 연민의 고동조차
들리지 않누나
이제 멀고도 기나긴 여행에서
끈을 맺고 싶구나
나 이제 철로변의
오두막에 뛰어감을 원하노라
기적소리 들으며
일상한 심정
아련히 내보인 채
홀연히 전원에 살고파라

제목 없는 음악을 들으며

제목도 모르는 음악의 선율에 조금씩 빠져든다
선율은 은은히 이어지다 높고 낮음에 내 혼마저 고조되고,
출렁이며 넘실대는 저편의 세계에서 몸부림치던
내면의 악령이 폭발적으로 살아난다.
살아있음이 아니라 살고자 하는 아우성으로,
고조되는 음악은 몸에 흐르는 심장의 피를 역류 시키고
산산히 흩어지는 불꽃 앞에 기름을 붓는 중이 되어간다.
그리고
불꽃은 죽지만 자신은 죽지 않는 성불이 되어
스스로를 칭하고, 아직도 흐르는 음악은
또 한 사람을 불꽃으로 만들기에 충분한 기름을 찾고 있다.
고조되는 음악은 마음의 피까지 격동으로 바꾸고
삶과 죽음 둘 중의 하나를 생각하게 한다.

허상

저만치 무지개가 있습니다
늘 이곳이 아닌 저곳에
무지개는 존재합니다.

아니!
그 존재도 잡을 수 없는 아름다움의
추상으로만 남아 있습니다.

해가 내리쬐는 비온 뒤의 광경은
늘 무지개를 만들어 냅니다.
대지로부터 하늘로 휘어지며 저만치
또 다른 대지 위에 닻을 내린 무지개는
늘 그 자리에 있지만은 않습니다.

아름다운 것으로만 생각하는 무지개는
난지도 매립지에도 존재하다가
가까이 다가서면 멀어지는
그런 추상의 아름다움으로 남아 있습니다.

잡을 수 없는 아름다움은 가식인가! 현실인가.
그것을 분간 못하는 내가 미울 뿐입니다.

나무와 나

멀리 있는 나무는
나를 가릴 수가 없어도
가까이 있는 나무는
나를 가릴 수가 있다
나의 주변의 인맥은
외풍을 막아줄 수도 있고
그렇지 않은 사람은 외풍의 색이
무엇인지 크기를 가르쳐주지 않는다
또 나의 존재를 밖에 알리지 않는다.

흐르는 것의 아름다움

어느덧 무심코 흘려보낸 세월
나이는 묘하기도 하더란다
나이를 들면 얻는 것인데
나이를 먹으면 잃는 것인데
나이는 우리를 늙게 만들지만
나이는 우리를 깨닫게 하려 하지만
우리는 나이로 인해
점점 제 살 태우기의 촛불 인생을 사는가
생은 점점 부풀어오르고
어느덧 우리의 생은 무심코 여기까지 왔으나
깨달음은 생을 되돌릴 수 없고
흐르고 있는 생을 우리는 흘려 버린다
그리고 내 생일은 지나갔다

달과 함께

티없이 맑은 눈을 가진 다섯살 아이가
언제나 바라는 소원이 있었습니다

"햇님이 내려와서 나하고 놀아 주었으면" 하고

외로운 아이는 몇날을 기다리다 생각했습니다

"햇님은 내 말을 듣지도 않나 봐
달님은 내 말을 들어주실 거야."

"달님 오늘 저녁에는 저한테 놀러 오시는 거죠 네!
제발 저하고 놀아주세요"

하늘의 달님은 생각했습니다
"그래 저 청순한 아이한테 가서 놀아주어야겠다
오늘 저녁 싱그러운 빛을 가지고서……."

그날 밤 해가 지고 달님이 오는 시각에
달님은 점점 빛이 아닌 몸으로 다가서고 있었습니다

그리고 지구는 나이 어린 아이와 함께
달님과 한 몸이 되었습니다

비가 오고 있었네

비가 오도다
괜시리 가슴 시려오도다
어두운 먹구름 밑에 내리는 비는
그 누구의 억장이 무너지는 아픔인가
아니면 뜨거운 열병을 쏠어내리는
뒷병의 마무리인가!
그래도 비는 많은 사람에게 외로움과
감상을 함께 주며 고향의 어머니를 그리게 한다.
나 낳고 늙어가는 어머니의 황량한 세월에
눈물이 흐르다 이내 나 혼자로 돌아오고
여기 이대로 나와 비는 우수에 젖고
하늘은 수줍은 비를 감춘다.
비는 하늘을 따돌리고 외로움에 겨운
과부마냥 나의 빈 머리를 휘어치고
감칠맛 나는 고향과 어머니,
그 외로움을 물씬 두들겨 패고서 고쟁이 잃어버린
수절과부마냥 서둘러 제갈길로 떠나 버리고
흠뻑 젖은 나는 약국 홀아비 약사의 도움을 받아
감기약에 취해 있었다

자연스러움의 미

거대하고도 높은 산이 있습니다
너무 높아 그 산을 오른 사람은 아무도 없습니다
설사 올라갔다 해도 내려오기가 더 힘들어
아직 내려오고 있는 중인지도 모릅니다
가끔 소소한 바람이라도 부는 날이면
산 위에서인지 산중턱에서인지 돌들이 굴러 내려옵니다
굴러내리는 돌들은 다른 돌들을 차고 내려옵니다
산 아래에서는 많은 사람들이 돌을 먼저 가지려고
아우성에 난리가 납니다
하지만 세상에서 가치를 알아주는 돌은
산 위에서 굴러 내려온 돌 뿐입니다
사람들은 자기의 돌이 제일이라고 자랑합니다
그렇지만 그 돌들은 원래 있던 자리에 있을 때가
가장 좋은 것인 줄 아무도 모릅니다
굴러 내려와 멈춘 그 자리가 가장 아름다운 것임을
아무도 모릅니다.

나 여기 이 자리에

어느 날 갑자기
잊고 있었던 치솟은 마음은 옛 상태로 돌아가고
색다른 가지가지를 찬미하다
모든 것을 날려 버리고 두손을 바싹 들어
나 여기 서 있는 걸 알았소

어제가 오늘 같건만 오늘이 내일 같지는 않을 것이오
님의 그림에 내일을 기약하고 흐르는 세월 속에
영원의 기다림이로소이다.
지난 흐름을 오늘이 아닌
내일에 기약하나이다
갈 곳은 한 길이나니
만족의 길로 가려 하리오

나는 가노란 말도 없이 간단 말인가
가람에 떠나기를 재촉하나니
슬피 흐름에 어찌 오늘의 괴로움
내일을 기약하고 떠나기를 두려워하며
나 서 있는 자리는 과연 어디인가 하나니

기도

해지는 서산에 길고 긴 낮과 밤을 헤매며
삶을 초월한 죽음 앞에 흐느끼며
누구를 동정하고 누구를 원망하며
살아있는 한 사형수는 같은 죄수를 동정하며
운명의 날을 기다립니다

해가 지나니 두더지 인생 오고
해 떠오르는 내 세상 돌아왔다 외쳐보지만
나만의 세상이 아님을 새깁니다

신께서 저에게 내리시는 힘이
세계의 평화와 인류의 번영에
이바지할 수 있도록 하시옵고
악이 사라지게 하시옵고
고난의 계곡을 거닐 수 있는
다리를 놓아주소서

길 위에서

거닐다 뒤돌아보면
지나온 발자국은 희미하기만 한데
다시금 잊혀진 발자취를 찾고 싶어 애타지만
희미한 발자국
뒤돌아가도 점점 더 희미해짐은
나의 지나온 길은 그저 수레를 빌려 타고
온 길이라 나의 발자취조차 없단 말인가

찾고자 하는 것은 내일이 두렵기 때문이 아닌가
오늘이 묻혀 잊고
내일이 흐르지 않는다면
어제가 없었다면
무의 형원한 찬미 속에
안락을 즐기련만······.

저 해가 저물기 전에

길을 묻지 않는 나그네

짧다고 말할 수 없고
길다고 말할 수 없어요
길고 긴 것이 가슴을 허빕니다
해가 벌써 바뀌었습니다
지난번 해가 바뀔 때도 벌써 해가 바뀌었습니다
똑같은 뒤돌이 속에 변함만이 남는군요
눈보라가 밀려와도 물리치고
이제 정상인가 했더니
여지껏 계곡의 허리만 돌았군요
나 얼마나 견디어야 하나요
정말 이대로 잠들고 싶습니다

저 해가 저물기 전에
저 해가 저물기 전에
저 해가 저물기 전에
저 해가 저물기 전에

길을 묻지 않는 나그네

불면의 시간

한밤을 이유없이
눈 뜨고 지내는
긴 겨울밤이
마냥 고달프지만
잠들 수 없는 감성에
약효없는 상념의 수면제를
아무리 먹어도
약발이 없고
더욱 또렷해지는
뇌생의 밤에
새벽을 기다리는 사람들은
잠을 어떻게 쫓을까
궁금도 하고
깨어있으리란 생각에 힘이나
시작을 하려고 천장을 응시하니
먼동이 트는 소리 새벽이 오는 소리에
나는 그만 잠이 들어버렸다

길을 묻지 않는 나그네

송별회

떠나는 그대가 못내 아쉬워 하늘을 보니
흰구름 한조각 두둥실 떠 있어
그 모습 너무도 평온하게 다가온다오
가는 그대가 부럽기도 하답니다
감상에 젖은 상념은 이내
바람으로 구름을 밀어 버리고
어디에 있어
그대가 그리울 때
우리는 당신의 행복한 미소와
애기 업은 성숙한 어머니를 떠올리겠소
건강하고 행복한 그대가 되기를 기원합니다

우정에 대한 고찰

벗을 그리워함에
어제의 사실이 가물거림은 우정의 약함인가
진정 사랑과 우정은 부인하자고 무언의 약속을 했건만
깨어져버린 사실이 안타까울뿐.
우정은 깊이 가려 해도 너무도 일찍 찾아든 사랑에
우정은 끝나고 사랑 또한 이루어질 수 없음을
알았을 때 우리에게 남는 것은 없었네
시련이 찾아듬은 지난 과거를 미래로 연관시켜
두렵기만 하네
남녀의 우정은 의문일까
진실이 우정되어 사랑되었네
아 쓰라린 상처가 되고 말았네
그것을 나 혼자서 감내하지 않으면 안 된다는 사실에
아픔이 사라질 때까지 알기를 원치 않네
아련히 떠오른다 해도 표출시키지 않고
애써 묻어 버리는 무념에 잠기겠네
지나간 여울목에서 다시금 잊어버린 우정을,
아니 사라진 사랑의 길목을 지키겠네.

그리운 친구

허망한 그날엔 가연의 연줄마저 끊어지고
참의 진리를 찾기엔
가식의 아픔을 잊으려니
헛된 것이 공이라 탓하지 않는 세월엔
평가받는 존재는 나약하며
평가하는 존재는 위대하련
가식을 알며 모른다 할 때 나의 희생으로
그는 위대하련
강군 안녕할지 궁금하군
벗이 있다면 즐겁지 아니한가
긴 세월의 학창도 저무는 황혼에
들판의 감사드리는 마음이군
강군의 참과 원함과 농담과 풍류가 그립기만 하군
이해하기 힘든 자네가 아니었기에
같이 자리한 두석 많았던 객담
많은 것을 얻었고 파멸의 촉진젠지 많이도 먹었고,
자네의 유창한 노래 실력 또한
나를 사색에 젖게 하네.

그리운 시절에 1

동안의 날에는 비련이었다.
낭만인지 비감인지 모르는 대학가의 풍미를 맛보았고
허무와 타락과 진리의 사이에서 이 길인지 방황의 때였고
하늘에 뜬구름을 잡아보고자 애쓰지만
내 손이 머무르는 곳이 구름의 연장인지를 몰랐다
대학의 시발점에서 처음 대면한 벗이 이형이었소
그 시간은 나름대로의 낭만과 벗들의 우정으로
나날을 보냈었소 변함없는 벗이여
같은 또래의 급우들 중에서 유난히 생각이 깊었던
이형을 인간적으로 존경하오
그러나 진실의 내막에는 감춰진 희생이 있다는 것을
알아야 하오 지난 시간 간간이
이형과의 생활은 풍미로웠고 활기차고 힘찬 나날이었소
"멀어지기만 하는 떠나는 배는 당장 돌아올 수는 없어도
훗날에 만선의 풍어로 돌아오기를 기다린다오."

길을 묻지 않는 나그네

그리운 시절에 2

무엇인가를 찾아왔는데 그 무엇이란 것이 무엇인지
무엇 때문에 그 무엇에 대해 논하는지 의문이구려
자부심을 갖고 살아온 대학생활에 자멸의 축배주만 마시며
지내온 낭만의 허구성에 대학가의 진실을 맛보았네
그렇지만 급우들의 인성은 주옥의 보배로다
허무와 타락과 진리의 정의에 대해서 논하라면
이것이 내가 찾던 무엇이었는지를 알다가
그 무엇에 의해 시들어가는 무엇이 아닌
무의 세계에 함몰할 뿐이구려
존재는 가치있는 삶에 대하여 살아왔으리라 믿소
행정인들의 친목급우들간의 대화는 이몸이
끝없는 벼랑에 추락하다 구사로 암벽에 자생하고 있는
나무에 걸렸다오
갈림길에서 한숨을 돌릴 때
그리움으로 냉혹한 현실에서 미소를 갖는다오.
노고에 감사하오.

길을 묻지 않는 나그네

겨울 풍경

오늘은 추한 것도 없습니다
신의 손길 위에 하얗게 되었습니다
세상은 온통 하얀 빛에 젖어
달도 훤히 밝아 맘 놓고 눈에 몸을 뒹굴어
나의 몸도 하얀 눈사람이 되었습니다

어느덧 바람이 불어
나의 하얀 눈사람은 갈 곳이 없습니다
나는 어떻게 할까요
이젠 추워서 몸이 얼어붙어가는데
어서 빨리 불을 찾아야지

여백에 써 넣을 낱말조차없이
꽉 메운 대지의 모든 것이 높은 옥타브의
음정에도 고요하기만 합니다
적막!
고요하기만 합니다

길을 묻지 않는 나그네

제3부

사라진 것은

아득한 곳의 태양의 전선
멀기만 하되
가까운 이 느낌은
나 홀연의 기림인가
저 드높은 창공에 내 마음도
산산히 부서져
흩어지는 햇살의 창이여
이제는 욕심마저
갈갈이 찢어 놓아라
인연없는 생의 굴레를 깨끗이 지우리다
미정어린 삶의 창조마저
어디론가 가버린 삶의 진실이여

파괴

바람에 쓸리는 모래성
광란은 일어나는가
섬은 가라앉는가
신은 침묵하는가
섬에서 아이들이 빨가벗고 모래성을 쌓고 있다
아이들에게는 무너지지 않는 모래성이
어른들에게서는 무너지는 이유가 무엇인가
바람과 물을 몰고 다니는 어른들이
모래성을 밟고 지나간다
아이들의 마음에는 무너지지 않는 모래성이 있다
그 마음은 크면서 파괴와 증오로 바뀐다
아 신은 앞으로도 침묵할 것인가
아이들은 모래성을 다시 쌓기 시작했다
어른들이 다가오기 시작했다
그리고 삼풍이 무너져내렸다

영웅

영웅은 만들어진다
영웅의 뒤안길에는
인간의 이중성 양면성
비린내 나는 삶이 있다
영웅은 대중을 위하여 태어난다
소수의 기획입안 그룹이
대중의 선동을 위하여
영웅을 탄생시킨다
그리고 영웅은 영웅에 의해 죽는다
서민은 빵으로 산다
서민은 영웅을 따른다
영웅은 빵으로 서민을 살린다
빵은 서민을 키운다
풍요는 인간의 사회성을 키운다
서민은 빵이 아니라 스스로 영웅이 되기를 원한다
영웅이 되고 싶은 서민은
영웅을 죽이던가 다른 영웅 만들기에 집념한다
그리고 영웅은 또 탄생한다
그리고 영웅은 영웅의 자리를 지키기 위해
서민을 희생양으로 삼는다
죽은 서민을 위하여 다른 서민들은
영웅 만들기에 동참하지만
영웅한테 빵을 얻은 다른 서민에게 죽임을 당한다

길을 묻지 않는 나그네

무엇으로 사는가

불타는 태양은 제몸을 속앓이 태우며 거세지기만 하고
야심에 불타는 제각기의 사람들은 에너지원을 소멸시킨다
이곳저곳에는 타다 남은 재뿐이어라
불타는 태양은 사람들의 마음을 이글거리게 하고
정열과 열정은 결국 사람들을 늙게 만든다
태양은 하루를 쉬는 것이 아니라
우리가 하루의 노고를 만드는 것이다
수평이동은 평등을 추구하지만
우리는 밤을 기다리는 야인이지만
이밤에 다시 우리 몸을 불태우는
태양이 되기를 원하는 해바라기어라

길을 묻지 않는 나그네

심허

스쳐간 나무의 여동소리에
가을이 머무르는 곳에서
떠나는 순리를 알았다
간만의 차가 심한 곳에서도
겨울바다의 차가운 비련은 불연속
정확히 모든 감각의 패배를 자인하누나
가히 느낄 수 있다면 다시금
옛고의 날을 원하는 것이 아니고
현재를 원하리오

길을 묻지 않는 나그네

SEX

철없는 철학자가 빈혈로 쓰러진다.
정신없이 혼외 sex에 몰두하는 정치가는 중얼거린다.
"정치는 무슨 정치! 이것이 우선 급혀"

그리고 끙끙거린다.

다음날
철학자는 온갖 고뇌를 뒤집어 쓴 듯 두눈을 지그시 감고
이마에 잔주름을 만들며, 다정히 그러나 힘있게 설교한다.
"사람들아 뭐가 그리 바뻐 뛰어가는가!
내 말을 듣고 철 좀 들어라!"

그러자 엿장수가 갑자기 나타나 외친다.
"철이란 철은 나한테 다 주십시오" 한다.

철학자는 씁쓸히 웃으며, "저것이 유머다"하고 외친다.
사람들은 들은 척도 하지 않고 "철없는 놈 공사판에 가서
철근이나 많이 넣어 부실공사나 막아라" 외친다.

어젯밤 혼외 sex에 몰입했던 정치가는
부스스 눈 비비며 일어나 오늘 전국 청년협의회에서
초청 연설할 내용을 구상하며 뇌까린다.
"밝은 미래를 이끌어야 할 피끓는 젊은 청년들이여!

sex의 욕구를 참을 수 있는 이성적인 사람만이
참다운 사회를 만들어갈 수 있습니다"
그리고 예의 그녀가 정치가의 강한 심장에
에로스의 화살을 쏘고, 정치가는 다시 sex에 몰입한다.

그 시간 젊은 청중들은 체육관을 꽉 메운 채
정치가의 행차를 기다리고 있었다.

우주의 진리 1

빛이 있어 어둠이 있음을 인지하듯
하나를 알면 둘을 알 수 있는 것은

경험은 다른 시행착오의 우를 범하지 않고
빛이라는 밝음은 어둠에서의 창조의 신비

개벽은 시작되었나니
깨달음이 곧 진리일진데

순환속의 어둠은
빛을 창조하려는 각고이려니……

득도의 길은 나를 벗어나는 길과
나를 아는 길인데,

해탈과 득도는 창조와 개벽은
아집을 버리고
광명을 얻는 것으로 그것은 바로

천당과 지옥이 같이 있고
과거로 갈 수 있고 현재에 머물 수 있으며
미래로 갈 수 있는 바로 나이어라

우주의 진리 2

내일은 분명 오늘의 반복이 있을 것이다
모레는 또 내일의 반복이고
모든 것이 정지된 화석과 같은데
변화는 누가 만드는 것이 아니고
스스로의 매너리즘에서 탈피하여 새로움을 추구할 때
내일은 오늘과 똑같지 않을 것이다
이 정지된 시간이 나만의 시계일지언정
나를 제외한 공간적 시계는
나를 늙게 할 뿐이고
지각능력이나 예감은 아직도 어제일 뿐이다

태초에 개벽이 있어 존재의 유를 창조했다
그 창조물이 역사를 흘러 다시 되돌림을 받을 때
그것은 파괴가 아니라
시작의 역사가 계속 반복될 뿐이고

과연 이 현실이 산산히 부서지는가!
모든 것 중의 일부가 괴멸하는가!
과거에 대한 동경으로 세계는 나를 중심으로 사고하고
소멸 파괴 기아 전쟁 등이 창조를 위한 괴변일지라도
바라지 않는 역사가 태동되어 새로운 별구조의
사회를 구성할 것이다

맨 처음에 생긴 일

어느 화가가 말했습니다
나이는 먹는 것이 아니고
써 버리는 것이라고
인간의 바탕이 세상에 있는 동안
나이는 소비의 미덕이고
삶을 불태우며
자신의 나이를 소진시키는 것만이
아름다움이라고……
나이를 써버린 우리의 조상은
역사를 만들었으니
그것이 소비가 만든 창조의 시작입니다

떠나고 싶은 자 떠나게 하고

막연히 무의미한 침묵을 떨어버린 채
홀연히 사라지고픈 내 마음이여
이제는 체념의 옛뜻도
필연의 순간도 망각한 채
나도 모를 미지의 귀로에 서리
상념의 방랑자라 하지 아니하면
잃어버린 어린 양이라 부르리
내 간은 목자 찾아가는 길
세워라 수레의 무게를
모든 짐은 깨끗이 치우고
형언의 미림에 추악한 생을 알았다 해도
내 어느 곳의 안식에 이을까
처량도 하도할싸 굳힌 마음뿐이라

존재의 의미

문득 내 인생의 중심을 찾고 싶은 욕망에
걷잡을 수 없는 흔들림에 요동질한다
출생과 세상의 인연은 시작되었지만 우리는 궁극적으로
시한적인 삶을 수동의 자의식으로 존재하지 않은가?
안식의 날은 과연 있었던가?
삶 그 자체는 우리를 속이며 생노병사를 유지하며
어느 한날을 바라는 타는 기다림과 미소의 헤어짐,
우리는 변형된 아집을 찾으려고 이 시간도 헤매인다.
나의 지인들은 나란 자체를 잊은 지 오래이고
그들의 삶에 충실하리라
동정받을 그리움으로 지난날과
지금의 지인들을 사고할 때
그들은 지금 이 시간 빛에서 어둠을 갈구하리라
이 모든 것을 허무와 비련의 뜻으로 돌린다면
움찔하는 두려움으로 생 자체를 거부하리라
서로를 사랑하며 외로움을 감싸고 고통을 나눌 때
우리는 존재하리라
그 누구도 부인 못하는 진실된 삶을 자랑하리라
우리들 조물주에게……

길잡이

비바람이 몰아칠 때 생의 길잡이는 묵묵히 생을 안내했다
모름지기 길잡이가 그렇듯이 생의 길잡이도 오랜 풍파속에
깎이고 썩어서 붉은 물만이 흘러내리고 있다
아버지와 아들은 이제 갈림길에 다다랐다 아버지는 지치고
지쳐 주저앉고 아들은 아버지를 주시한다 여지껏 아들의
길잡이로 오랜 세월을 보냈거늘 이제 길잡이 하나가 쓰러
지려 한다
아버지의 길잡이엔 이제 영원히 붉은 물이 흐르고 주저앉
아 찾는 이 없이 한줌의 흙이 될 것이다 갈림길에서 아버
지와 아들은 헤어짐을 슬퍼하며 흐느끼지만 시간의 흐름이
란 것이 생을 묻어 버리듯 아버지는 갈림길에서 헤어진다
아들은 이제 갈림길에서 길잡이 없는 길을 건너야 했다 아
들의 길잡이 없는 길을 가기란 험난하기 그지 없었다 산넘
어 물, 물넘어 산, 험하기 그지없는 벼랑을 타야 했고 길도
없는 진흙의 숲속에서 간간이 가시덤불 사이로 햇님이 비
치는 곳을 향해……
양새들의 울부짖음에 숨을 죽이고 때로는 가시덤불 사이로
몸을 숨기고 수렁을 건너야 했다 세상에 외로이 홀로 목적
의 한날을 위해 걷고 걸어야 했고 아들은 지쳤노라 외치지
만 그 말소리조차 들어줄 자 없고 길은 촉박한 시간에 재
촉해야 했건만 아들은 걷고 있었다
지금도 걷고 있다 험난한 길에라도 밤은 여지없이 찾아들
어 안락의 수면에 현실을 못보는 길잡이들을 볼 수 있는

즐거움이 있었다.

아버지와의 해후는 아들의 용기를 북돋고 원대한 꿈의 목적에 가까워짐을 예고했건만, 도저히 믿어지지 않는 보이지 않는 길이 언제쯤 보이리라는 확답도 없는 가운데 가까워짐을 알리건만

아버지는 다시 돌아가고 그립던 친우들도 모두 용기를 북돋고 어머니의 허실은 근심이 표현되고 아들의 곁에 있노라고 항상 의지와 믿음을 가지라고 안락의 수면은 이토록 희열을 주었건만 숲의 험난의 길에 즐거움만이 될 수는 없고 야수들의 울부짖음이 가까워지고 앞길을 밝혀주던 자대는 이제 헐어 버리고 모든 것을 육체에 맡기는 현실이 찾아왔노라고

아들아 아들아 아버지는 부르지만 들리는 것은 없고 적막의 사탄들만이 앞길을 방해하고 육체가 잠들면 정신은 아버지와 어머니 친우들을 만나고…… 아들아 힘을 내라 힘을 내라 육체는 찢기고 찢어져 너덜너덜한 해몰이 되었고 결실의 모든 가람에 낙엽이 남고 앙상한 나무들의 나무를 볼 때 아들은 불현듯 자신의 가치가 저 나목과 같다는 의미를 느끼며 무엇을 했는가 무엇을 거둬들일 것인가 아들에겐 농장이 없다 심어놓은 작물이 없다

현실을 부정한 날들이 후회스러우며 이제라도 황무지를 가꾸고자 땅을 일구고 나무를 심자 내년 봄쯤에는 수확을 거둬들이리 이제 아들은 육체를 깎이며 정신의 영혼의 창조

성과 영원성을 깨달으며 목적의 날이 바로 이때임을 느끼
며 청춘의 초상이 무엇인가를 느낄 때 시작을 예고하고 한
가닥 희망은 날로 커져 고목이 되어 우뚝 섰나니 이루리라!
맺으리라! 거둬들이리라!
아들은 행복에 겨운 풍년의 가장이 되었다 재롱에 산다고
아들 딸을 놓고 수확을 거두며 잘 살리다 아들의 아이들은
그에게 웃음만을 주지는 않았다 아이들은 너무나 큰 객관
적인 사고방식으로 살고 있기에 아들에게는 책임속에 아이
들을 인도하려고 하였고 거리를 좁히려면 그들은 또 멀어
졌다

벽제가는 길

허망한 세속에 썩어 뭉크러지는 아성이 아까운 듯
주춤한 상태에서 이몸이 명을 다 해야 하나
주검의 잿빛에 싸늘한 전율이 파리하게 느껴짐은
조만간 있을 입관의 화장에 2차적인 죽음을
예고하기 때문인가?
삶의 응어리진 비애감으로 75의 체온을 유지해왔던 여왕은
영하 25의 체온으로 까만 세단차를 타고
벽제로 이사를 왔다.
허무와 타락과 무언에 싸늘하고 메마른 주검은
방부제의 효과만을 기대할 뿐이다.
냉동된 여왕의 벌어진 두 다리가 치욕스러운듯
화염관으로 들어섰다. 적막속에 혼돈이 시작되었다
"불났어요 여왕님 빨리 나오세요"
여왕은 말이 없다 잠시 후 외마디 오열에
나마저 치욕을 떨 수밖에 없었다.
"아착 저착 툭쿡 치쿡" 우주의 축소물,
버러지들의 안식처인 창자가 터져나가고 있다.
여왕은 스스로 발하는 자광!
영재에 허여디 허연 잿바람이라도 날리려므나!
여왕은 우주에서 우주를 만들다가 우주로 돌아갔다.
우주는 탄생이고 삶이다
습운도 질퍽하다 메마르고 한기 어린 창가에서(철장에서)
여왕의 후계자는 이웃집 남자를 유혹하기에 바빠

벽제 화장터의 주인이 누구인지를 모르고 있다.
얼마 후 벽제 우체국 소인의 서신이
여왕의 후계자에게 날아들었다.
"저리도록 세시 씹는 듯, 수레 물린 자갈마저 튀어가고
허공에 메마른 모습도 길을 가누나.
어디엔가 길을 찾기에 어디를 모르며
찾아도 저무는 황혼은 그 시각까지 물들이누나.
떠벌이는 속세도 원통하되
가연없는 세연 허공을 차고 허무는 시작이 끝이라"
그리고 여왕의 후계자는
벽제에서 온 편지를 화장실에 버렸다.

길을 묻지 않는 나그네

아픈만큼 성숙해지고

창 머너의 다른 창 너머로 비가 내리며
검은 태양도 갈 곳 없고
애써 상념에 빠진 척하는
지체할 수 없는 이 시간에
나는 괴로워한다.
고독과 방황은 어느 여인의 손에 달려 있지 않으며
오직 나만의 싸움에서
나는 자열을 촉진하는 것인지?
그것이 나의 삶의 기획된 각본이라면
나 스스로도 역류하지 못하는 비전으로 폭발하고 싶다
나의 아픈 성숙도
이제는 아무런 도움이 되지 못함을 깨달으며……

지구 안에서

지금 이 시간 온세상 사람들은 제 각각의 길을 가면서
너나없이 바삐 돌아가는 지구 안에서 가도가도 지구안에
있음을 아는 이 없이 오늘이 간다
인간의 만남이 헤어짐의 전단계임을 미리 안다는 것은
우리네 인간사가 너무도 애닯지 않은가?
낭만과 비애감이 상존하고 삶과 죽음이 교차하는
비린내 나는 영욕에 눈멀어 우리 인간사의 추억 속에서
멀어져 가는 사람은 부지기수이고
사랑과 배신으로 비련의 고통으로 다시는
이러한 만남과 사랑이라는 추상명사를 부인하고 살지만
인간이기에 사람과 사람의 만남을 어떻게
외면할 수가 있나 오늘의 현실을 부정하고 내일이 있을 수
있을까? 과거가 없이 없이 오늘이 있었을까?
미래가 없음은 이 적막한 현실이 정지되고 화석이 되는가?
계란이 먼저인가 닭이 먼저인가를 논하기에 앞서
가장 상식적이고 평가적인 인간의 감정에 호소하여
어둠은 생명력의 돌출하는 용솟음의 빛을 감출 수가 없다
반면에 빛속에서의 어둠이라는 것은
존재할 수도 없는 허구가 아닌가
우리의 손이 우리의 두눈을 가려도 현실은 언제나
우리의 앞에 있고 나의 지인들도 만남이라는
충만의 기쁨을 갖고 존재하는 것이니
우리 또한 이 지구와 영원한 동반자인 것을……

살아있음의 의미

눈가에 이슬이 맺힌 눈망울을 보며 그 시절을 아쉬워하고
그 날을 추억으로 남기고 생의 보람을 찾으려고
아니 생을 원하기에……
그 모든 것을 여러 만물의 소생으로 보며 날아가는 새처럼
악없는 순진한 마음과 희망을 갖고
오늘도 길고 긴 낮과 밤을 이기며
훗날의 그날이 오기만을 기다리며 삶을 찾는다
눈가에 맺힌 이슬은 오직 그날을 위해 흘리는 것으로
생각하며 생을 위해 삶을 찾기 위해 오늘도 보낸다.
어두컴컴한 그 밤도 불을 찾기 위해 앞으로 나아간다.
정신적인 괴로움 나 스스로 해소하면서
오직 그날을 위하여……
잃어가는 생명과 소생하는 생명들!
꺼져가는 생명이 있기에 소생하는 생명이 있다는 사실에
자연스레 그날을 기다린다

한마리의 핵충이 생을 위해 기생하듯이
삶의 애착이란 이다지도 깊단 말인가
곤충이 생을 위해 죽음을 무시하듯 생을 중요시한다
지는 햇살을 보며 내일이 또 온다는 사실에
희망과 미래를 꿈꾸며 기다린다
생각하며 앞으로의 대개를 위해 한걸음씩 나아간다.

삶에 관한 몇 가지 상념

저번에는 또 다른 패배가 있기를 두려워 했지!
공허한 빈곳에 있기를 바라노니 뉘 머무른 자리를 주리오
무언의 한탄은 가식을 두려워함이려니,
동반자들이여 무한한 앞날이 있을 뿐이려네

인류는 그저 시간의 흐름에 존재할 뿐이다
세공의 미립자가 창조주라면
인간은 공간으로 돌아갈 것이다
인간이 인간을 평가하는 모순된 이날에
사형수가 어느 날인지도 모를 날을 기다리다가
또 다른 사형수를 위로할 때
머지않은 날의 참회인가 위함인가?
전혀 알 수 없는 오늘의 현실을 부정하면
현실에 만족하여야 하는 어제의 주인공들,
증오하면서 사랑하여야 하는 사람들,
우리 모두 남남이 되기 싫은 까닭에
이토록 미워하면서도 뒤돌아 서지 못한다.

삶에 대한 부정이라면 출생은 죄없이 태어남이요,
출산은 죄악의 행위라. 출생은 피동이라, 출산은 능동이라,
출생은 탕의에 의한 도퇴요, 출산은 쾌락 뒤의 심판이라.
출생은 생명이요, 출산은 배설이라.
출생은 죽음을 전제로 한 삶이요 시한부이어라

길을 묻지 않는 나그네

피안의 안식을 찾아 도피생활을 영위하건만
이제 막다른 골목에 이름을 아는 오늘을 살아가는
사람들은 절망의 독백을 씹는다. 자기도 모르는 언어를……

여지없이 침묵하고만 마는 그네들 포함된 소속에서
두려움이 앞서는 것일까?
용기없는 비겁자가 되고야마는 그네들 권력의 소용품에
지나지 않는 희생물인가.
다가올 내일은 밀려오는 먹구름인가?
밀려가는 먹구름인가?
한바탕의 소용돌이에 용인도 쓰러지려 한다
무엇에 대해 논하라 한다면 우선 나 자신의 영역을
사고하지 않으면 안된다. 논리적인 답이 있어도
그것이 진리일 수는 없다. 일시 우월감과 영웅심은 지탄의
사설에 빠질 뿐이다
고로 서로를 평가하는 것은 삼가하여야 한다.

현실은 미래를 필요로 하지 않는다. 존재라는 가치는
사고하는 시각 아집의 표출로써 표현될 수 있다.
남과 다르다는 것은 서로의 가치가 상위하기 때문이다.
타인을 사랑한다는 것은
나를 사랑함을 모르는 오늘의 현실이
애닯지도 않단 말인가?

길을 묻지 않는 나그네

오늘이 있어 내일이 있다는 순리적인 사고를
누구나 할 수 있음을 그네들은 애써 몰라한다.
가고오지 못함을 세월이란 단어에 결부시키기란
너무도 비참하지 않은가를 생각해보자
인생에 몇번의 시행착오가 있다는 인간적인 판단에
인간적인 신으로의 진보를 바라는 것이다.

당신이 한 일을 생각하지 말고 먼 훗날의 도약을 위해
애쓴다면 우리는 오늘을 사는 젊음이 될 것이다(신상)
이 시점이 고뇌의 뒤안길에서 방황하는 것이라면
후회하지 않는 각고를 담담히 받아 시커먼 선혈을 쏟으며
이제는 내 존재함을 느낀다면 먼먼 나의 안식처를
찾아 오늘을 살아가리까.

길을 묻지 않는 나그네

개판과 개종이요

고향을 떠나 정처없이 떠도는 방랑자가
어느 한적한 숲길에서 잠을 자고 있었다
짧은 잠을 마치고 방랑자는 터벅터벅 길을 걷다
북새통 넘치는 시장에 다다랐다.
시장은 사람들의 출렁거림으로 새삼 살아있음을 느낀다.

시장통에 개 한 마리가 짖어대고 있다.
그 개는 전생에도 개였고 현세에도 개인
기구한 개팔자인 개였다.
전생과 후생을 볼 수 있는 방랑자는 개에게 말을 걸었다.
"어차피 개팔자이니 앞으로도 개팔자이고 억겁에도 개팔자
이니 그저 있음에 즐거워 하고 죽음에 개팔자 즐거워하라"
개가 짖어대며 방랑자에게 언어를 구사한다.
"당신이 보는 나도 개요! 개가 보는 당신도 개일 뿐이요.
당신은 본디 개인데, 개껍데 위에 인두겁을 씌웠을 뿐이니,
당신은 살아도 죽어도 개종이요" 한다.
방랑자는 깜짝 놀라서 깨갱! 깨갱하며 오줌을 질질 싼다.
그리고
개종끼리 회한의 싸움을 시작하고
아직까지는 인두겁을 쓴 개종들이 이기고 있다.

신을 생각하며 1

짜라투스트라는 외쳤다 "신은 죽었다"고
짜라투스트라는 신은 인간이 만들고 죽인다고 한 것이다
그렇지만 이 죽은 신은 사람들 속의 우상의 신이라고
코멘타리를 달았다
니체의 이 책에서는 괴변적인 짜라투스트라의 입을 빌리고
사상을 전파하여 우리 현시대의 통속적인 삶에서의
보다 진실되고 사람됨을 외쳐대고 있다
그래서 혹자는 이야기한다
사람들의 가슴 속에 있는 우상의 신은 가상의 신이고
믿음에 따라서 진실된 신이라는 것을……
오늘날 우리들은 신을 모독하고 있다
신이 인간에게 부여한 독설과 아집 고민을
한몸으로 부딪치며 자기 마음에 들면 신을 선택하든가
아니면 신을 가차없이 버린다
그렇지만 신은 절대 사람을 버리지 않는다

길을 묻지 않는 나그네

신을 생각하며 2

신의 울림은 한정된 테두리
자연없는 신의 굴욕마저
중화된 증류의 오염으로
세원할 수 없는
가치없는 주돌보를
아득하기만한 진리의 길은 있다 하되
이룰 수 없음은
신의 부정의 뜻함과
무엇이 회오리를 일으키는가
사정없이 걱정의 불놀이에 뛰놀다 오리
선택받음으로써 존재했다를 믿으며 굳게 의지를 심는다
어느 소년의 흘러가버린 단몽처럼
지나가 버린 시간을 찾을 수는 없기에 서운해 하는 시간이
더 한층 아깝고 나의 원함이 만족을 뜻하며
여지껏의 만족의 인생론을 이끌며 내일을 펼친다.

청춘의 초상은 막바지에 들어서 그가 무엇인가를 느낄 때
그는 또 다른 세계에의 도박의 첫 걸음을 하여야 했다
여지껏 도박의 음미에서
승패의 갈림길에서 그는 주저한 적이 없다
이 세상의 도박이 아닌 것은 없다며
현실을 부정하며 사고할 때 도박의 승패에 관계없이
무언 무지 무천에서의 안락을 즐기다

길을 묻지 않는 나그네

마지막 남은 생의 승부에 그는 주사위를 굴리고 있다
환락의 병 속에 시한부 인생
선고 받은 사형수의 마지막 남은 인생을 참회하며
아니면 마지막을 외치며 다시금 주사위를 던질 수 있는
기회를 달래겠는가
살고 싶다를 외치며 기다림에 말 못하고
그는 존재하는 신을 우러러 보았다.

상가

옹기종기 모여 앉아 궁상 떨고 있는
상가집 마을 아낙네들이
부침게 한조각씩 입에 척척 걸치고 죽어 관 속에 계신
돌아가신 분의 행적을 이야기 하느라
밤이 깊어간 줄 모르고
자시에 있는 곡제사에 허둥지둥 말자루를 묶는다.

아낙네들이 걸치고 온 막내놈들은 엄마들이 내어 놓는
괴담에 공포와 호기심으로 상존하여 엄마의 팔가슴속으로
깊이 파고들고 쪼그라진 엄마의 가슴은 이놈들의 푹신한
베개가 되어 스르르르 잠을 만들어 준다.

마을 좁은 길을 따라 집으로 돌아가는 길은
이름 모를 밤새와 부엉이의 울음소리에 시렵게도 등골을
쑤시지만 아이 업은 어머니는 무섭기도 하건만은
행여 아이가 놀랄까봐 감히 놀라지도 못하고
밑의 고쟁이는 축축히 땀으로 젖고 있다.

어이-어이-
이제 가면 언제 오나-어이-어이
북망산천이 멀다하되 문앞이 자승이로고-어이-엉이-
새벽 일찍 상여가 마을 어귀를 돌아서 빠져 나가고 있다

마을 노인네들은 인생무상 삶의 회의로 주름살이 하나
더 깊이 패이고 영문 모를 동네 개들은
행여꾼들의 밤 지새운 막걸리와 산적 안주 냄새에 미쳐
상주마냥 상여뒤를 졸졸 쫓고 있다.

나 혼자만 쫓아가면 남은 처자식은 어이하라고-
어이-어이 죽어가도 극락왕생 어이-어이
노자돈이 없구나 어이-어이
못가겠다, 못가겠다, 노잣돈이 없어 못가겠다, 어이-어이

지금 밤나시? 새벽나시?

밤으로는 늦은 시간이고
새벽으로는 이른 시간이다

왜 이리 잠은 나를 멀리하고 오려하지 않는지
깨어 있는 이 시간
고요한 적막을 깨는 발자국 소리들……

그 옛날
새벽잠을 깨우던 두부장수 소리 대신

지금은
자동차의 원격 시동장치 스타트 소리가
새벽의 긴 어둠을 갈라놓고

매너없는 인간들이
아파트 공동생활을 망친다구 투덜대며
빡빡한 눈꺼풀을 비비고 일어난다

간밤에 내린 눈은
검디 검었던 아스팔트를 허옇게 포장하고
드넓던 주차장을 하얗게 지워버리고

영하의 공기는 뭇 사람을 증오했던
가슴의 폐를 식히고 있다
웬지 모르게
나의 마음도 조금은 허여진 것 같다

그리고
출근하기 위해
자동차 원격시동장치의 스위치를 누른다

어디선가
나를 욕하는 소리가 나오는 것 같은데
잘 들리지가 않는다

노처녀의 후회

지난 늦가을
풍만하지도 않고
풍미하지 않은
철 지난 늙은 과일을 한입 물어 맛보다가
과즙없는 맹물 맛에
내던져 버린
그 놈의 맛없던 과일이
이 한 겨울에 몹시도 그립다

아득한 고향

흐르는 강물에 떠도는 낙엽처럼
땅없는 땅위에 앉아있는 외로운 방랑자
그리운 그 옛날 그 시절 뛰어놀던
뒷동산이 추억에 남았을뿐
이젠 정처없이 떠도는 나그네되어
고향생각에 눈물만 젖누나
나온 길 뒤돌아보니 괴로움 슬피우누나
기약 못할 고향길 언제나 밟으려나
바람에 날리는 외로운 낙엽처럼
외로운 내 마음 누구한테 전할까
부모형제 만날 날 꿈꾸며 살으리라
철새야 어디로 떠나니
남간이 된 내 고향 소식 전해주오.

너울너울 아지랑이 피어오르다 먼산은 보이지 않고
훈훈한 너를 타고 훨훨 나르고 싶다
기다리는 님은 아지랑이 보고
네가 오리라 생각하며
뛰는 마음은 날으는 새가 되어
허공을 헤쳐보인다

예산은 내 고향이네

예산에 가고 싶다
어릴적 동무들의 이름이 가물가물 거리지만
고향의 모습은 눈앞에 선히 떠오르고

서울에서 전학온 그 과수원집 소녀는 지금쯤
나를 알아볼까?

소식으로는 그 품덩이에 미꾸라지가 안 산다는데.
마을 어귀에는 러브호텔이 대여섯개 줄지어 있다는데

자전거 타고 학교 가던 신작로는 아스팔트로 포장되고
화물차들이 시속 100kn로 쌔쌩 달리어서
이제는 자전거 타기가 두렵다는데

그리고 어릴적 마을 사람들은 논밭 다 팔아서
우리처럼 서울로 서울로 떠났다는데

서울에서 전학온 남순이는 완전한 아줌마가 되었다는데
내가 가면 반가워 할까? 자기 남편 눈치 보기가 무서워서
모르는 체 할까.

내 고향 예산은 이름만 있고 변한 것이 너무 많다는데
가서 볼까? 가서 볼까?

왜 자꾸 의문 부호만 떠오를까.
우리 고향 사람들이 팔아버린 마을 논밭에서는 누가 살까
논에는 여기 저기 손가락만한 구멍에서 우렁이가
숨어 있어 손만 넣으면 잡히는 우렁이를 가지고
된장국 끓여서 아버지와 엄마랑 고숩게도 먹었는데
이제는 우렁이는 없다는 구만
국민학교 5학년 말에 과수원집 남순이가 전학오며
내 옆자리에 짝꿍이 되었을 때
내 가슴은 콩탕 콩탕 많이도 뛰었는데

예산을 떠나오지 말았어야 했는데

이제는 갈 수 없어라

사는 것도 바쁘고 세월은 아직 나에게 여유를 주지 않으니
아직 내 가슴에 남아 있는 고향만을 간직한 채
조금 더 기다려야지!

길을 묻지 않는 나그네

지은이 · 오승영
펴낸이 · 최순철

초판1쇄 인쇄일 · 1996년 10월 5일
초판1쇄 발행일 · 1996년 10월 10일

펴낸곳 · 도서출판 등불
서울시 마포구 구수동 68-2 대건빌딩 302호
전화 715-8716 팩스 715-8717
출판등록 · 1994년 4월 19일(제10-969호)

값3,500원
ISBN 89-8028-046-7 03810
잘못된 책은 바꾸어 드립니다.

등불 사랑 그리기

어느날 문득
네가 그리워지면
그러면…어쩌지? 1

임우현 시집

풋사과처럼 싱그러운 젊은 날의 사랑이야기 !

무작정 슬퍼지면?
울어버리면 되지 뭐

한없이 기쁜 날에는?
그냥 웃어버리지 뭐

그런데
오늘 또 네가
무작정 그리워지면
그러면 어쩌지?

내가 그아이를 사랑하고 있 다는걸 어떻게 표현할지모르겠어이것이사랑 일까?

등 불 사 랑 그 리 기

어느날 문득
네가 그리워지면
그러면…어쩌지? 2

임우현 시집

군생활의 외로움과 그리움이
잔잔한 감동으로 다가온다 !
그리운 연인에게
그리운 친구에게
사랑을 선물하세요 !

나 너를 위해
시를 써
너만을 위한
시를 써

첫만남에서
오늘까지
그리고
아주 아주 먼 미래까지
널 그리며
시를 써

나 너를 위해

가슴으로 부르는 이름하나

김경구 시집

지울 수 없는 사랑의 이름 하나
가슴 가득 묻어두고
노래하네
이 밤 하얗게 지새우며 노래하네

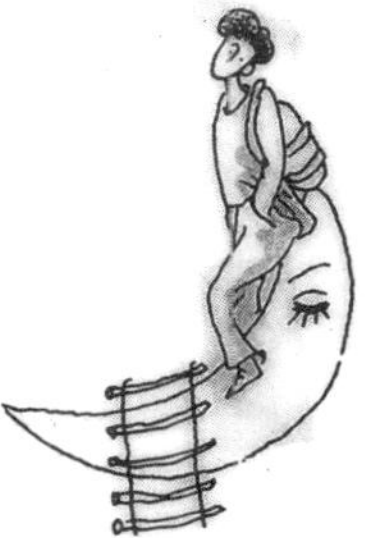

당신을 만나기까지
잦은 만남과 이별의 반복으로
그 얼마나 힘겨움의 연속이었던가요

그러나 끝내

당신은 떠나고

나만 홀로 남았습니다

시간이 흐르고 흘러도

당신은 언제나 제 가슴 한켠에 남아 있습니다

당신 떠난 지금껏 생각해 보니

당신만큼 따스한 사람 없더이다

당신만큼 편안한 사람 없더이다

당신만큼

당신만큼 나를 울리는 사람 또한 없더이다

다음 세상에 우리
연어가 되기로 해요

정재희 시집

가슴을 울리는 순결한 사랑의 언어 !

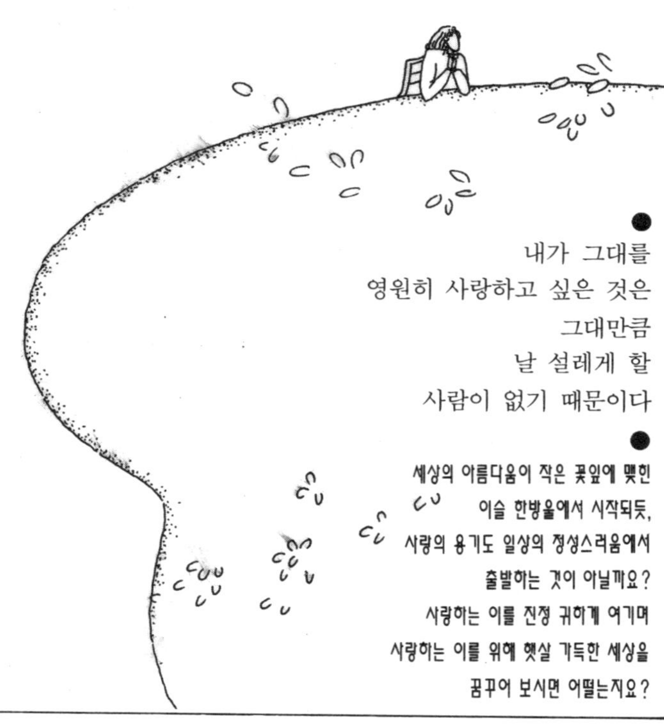

내가 그대를
영원히 사랑하고 싶은 것은
그대만큼
날 설레게 할
사람이 없기 때문이다

세상의 아름다움이 작은 꽃잎에 맺힌
이슬 한방울에서 시작되듯,
사랑의 용기도 일상의 정성스러움에서
출발하는 것이 아닐까요?
사랑하는 이를 진정 귀하게 여기며
사랑하는 이를 위해 햇살 가득한 세상을
꿈꾸어 보시면 어떨는지요?

사랑으로 우리 함께 하는 날이 온다면

김진수 시집

젊은 날의 사랑과 이별 그 향기가 느껴지는 책!

이 어둔 세상에 사랑의 빛이 되고 싶었던

한 어린 왕자의 얘기를 담은 한편의 드라마처럼 펼쳐질 이 시집을

여러분들과 함께 하고 싶습니다. 좋아했던 기억, 행복했던 기억, 사랑했던 기억,

즐거웠던 기억, 슬펐던 기억, 괴로웠던 기억들이 한 페이지 한 페이지를

넘길 때마다 여러분의 가슴속에 스며들었으면 하는 바람입니다

– 작가의 말 중에서

등 불 사 랑 그 리 기

그리워 눈을 들어도 보이지 않는 그대

석희숙 시집

**꾸밈없는 열아홉의 사랑·우정
그리고 삶의 모습을 그린 시**

항상 간직되는 그 어떤 이름이고 싶어라.

무구한 세월과 시간이 지난 후에

그대 가슴 속에 영원히 죽지 않는 항상 그대로인

그 어떤 이름이고 싶어라.

이 세상 끝나는 날까지 그대 마음에 항상 남아 있는

그 어떤 이름이고 싶어라.

어느날 문득 네가 그리워지면 그러면…어쩌지? 3

향기있는 추억보다는 나만의 사랑을 원해요

임우현 신작 시집

소박하고 진솔한 언어의 감동이 느껴지는 시!

작은 사랑을 꿈꾸는
시인 임우현의 진지한 고백!

난 천사가
되었으면 해

아무도 모르게
그대만의 꿈속에 나타나
우리만의 행복한 천사가 되었으면 해

힘들어도 고달퍼도
희망을 줄 수 있는
그런 천사가 되었으면 해

사랑하는 사람이 곁에 있다면
그 사람에게 한번 더 사랑한다고 말하세요

최애리 시집

사랑하게 될 연인이라면
처음 본 눈빛에서
이미 예정되는 운명

숨길 수도 없지만
숨긴다 해도 들켜 버릴
우연처럼 이어지는 만남

느끼는 사랑을 확인하려
맘에도 없는 타인을 안아 버리는
가슴에 이는 질투

진정 사랑하기에
떠날 수밖에 없는 이별

멀리 있기에 더욱 간절한 사랑

다시 보지 않으면 미칠 것 같은
사랑 앞에 달려가
무릎 꿇고 하는
영원한 사랑의 고백

다시는 당신을 떠나지 않겠어.

꿈이 많은 아이
그래서 잠을 자면
꿈만 꾸는 잠꾸러기

　말이 많은 아이
　그래서 잠만 자면
　참꼬대를 하는 아이

비밀이 많은 아이
그래서 술에 취해도
몸과 정신이 말짱한 아이

　정말 엉뚱한 아이
　그래서 사랑받는 아이
바로 나.

슬픈 사랑, 아름다운 이별의 노래

그리움의 끝에 서있는 그대에게

김우문 지음

살아있는 감성,
빛나는 젊음이 숨쉬는 책!

한없이 순수했던 시간이 있었습니다.
폭발적인 열정으로 밤을 새웠던
이루지 못한 사랑에 한껏 눈물을 쏟았던
무작정 치열하게 살아야 했던
푸른 시간이 있었습니다.
그 젊은 날의 이야기를 생생하게 그려낸 책이
나왔습니다.
그·리·움·의·끝·에·서·있·는·그·대·에·게

당신이 잊고 있던
젊은 날의 아름다움을, 그 열정을 찾아드립니다!

등불 예반 시선 2

<누군가에게 무엇이 되어>의 바로 그 작가
예반의 '94년 최신작

사랑에도
추억이 있다면

예반 지음/이종창 옮김

누군가에게 다가가고자 하는 사람,
누군가를 소유하고 싶어하는 사람,
그리고 특별히
누군가를 기억하고자 하는 사람은
이 책과 만나십시오!
사색하는 즐거움을 느낄 수 있습니다!

원고를 모집합니다

저의 등불출판사에서는 귀하의 옥고를 책으로 만들어
드립니다. 살면서 겪어야 했던 기막힌 사연, 길이
기억하고 싶은 추억, 자손에게 물려주고 싶은
인생경험담, 작가의 꿈을 이루기위해 써두었던
문학작품 등을 출판해 드립니다.

문장에 자신이 없거나 용기가 없어 망설이는 분을
위해 저희 출판사 편집진이 항시 기다리고 있습니다.
언제든 연락바랍니다.

모집원고 : 시, 소설, 수필, 희곡, 일기, 편지, 자서전,
문집, 회갑기념집, 사진집, 동인지, 기타
직업에 관련된 수필집 등
모집일시 : 수시
보 낼 곳 : 서울시 마포구 구수동 68-2호 대건빌딩 302호
등불 출판사 편집부
(우/121-130, ☎ 716-8716)